Seyda Taygur

Sissys Kitchen
Meet & Eat

70 unwiderstehliche und einfache Rezepte für jeden Tag

riva

Inhalt

Vorwort

Liebe Foodies,

dieses Kochbuch widme ich euch – der tollsten Community überhaupt. Mit euren vielen Bildern und Videos von den nachgekochten Gerichten aus meinem ersten Kochbuch *Sissys Kitchen – Lecker kochen für deine Lieblingsmenschen* habt ihr mich motiviert, ein zweites Kochbuch für euch zu kreieren. Dieses Buch ist für euch – für alle, die Spaß am Kochen haben und auch mal was Neues ausprobieren wollen. Ob Kochanfänger oder Fortgeschrittene – die Freude an gutem Essen steht im Mittelpunkt.

Auch dieses Mal ist ein großer Teil unserer Familienrezepte dabei, den ich mit euch teilen möchte. Aber nicht nur diese habe ich für euch festgehalten. Sondern auch viele leckere und einfache Gerichte, die mir aus verschiedenen Urlauben im Kopf geblieben sind und die ich über die Jahre gesammelt habe. Ob Ibiza, Dubai, Mykonos oder Bodrum – jeder Urlaub hatte prägende Gerichte. Das Besondere: Das Essen wurde immer so toll angerichtet. Mit der Zeit habe ich dann meinen eigenen kulinarischen Remix aus den tollsten Komponenten zusammengestellt. Mir ist es wichtig, euch zeigen zu können, dass wir unsere Mahlzeiten zu Hause auch mit so viel Liebe fürs Detail wie im Restaurant oder Beachclub anrichten können. Eure Liebsten werden staunen, das verspreche ich euch.

Für die orientalischen Gerichte geht ihr am besten zu einem türkischen Supermarkt und deckt euch dort mit frischen Zutaten ein. Ihr könnt in meinem ersten Kochbuch auch gerne noch mal nachlesen, was die ultimativen Basics sind. Die Gewürze halten wirklich sehr lange und geben jedem Gericht eine ganz besondere Note. Und wisst ihr, die geheime Zutat ist immer noch Liebe, mit Liebe zu kochen schmeckt wirklich am besten.

Dankbar bin ich den vielen Menschen, die mich bei diesem Projekt unterstützt haben.
Meiner Freundin Senna, die mir vor Jahren den Floh ins Ohr gesetzt hat, das Kochbuchprojekt zu wagen. Meiner Familie, Mama, Schwiegerpapi und natürlich meinem Ehemann Cem, von dem ich mir auch viele Koch-Skills abgeguckt habe. Ein besonderer Dank geht an meine helfende Hand Tutku, die mir die ganze Zeit mit Rat und Tat zur Seite stand.

Sissys Kitchen: Meet & Eat spiegelt unsere Leidenschaft für gemeinsamen Genuss und gute Gespräche wider. Und gemeinsam entstehen doch die BESTEN Dinge, nicht wahr!?

Mit Herzblut und Leidenschaft

eure Seyda

Wenn ihr Gerichte nachkocht, freue ich mich sehr, wenn ihr mich bei euren wunderbaren Kreationen verlinkt und auch gerne einfach mal auf allen Kanälen vorbeischaut:
Instagram: @sissyssecrets + @sissyskitchen_ / YouTube: Sissys Secrets

Hinweise zu den Rezepten

Damit die Orientierung bei den Rezepten leichter fällt, habe ich alle Mengenangaben und Abkürzungen in einer Übersicht zusammengefasst:

g	= Gramm	cl	= Zentiliter
mg	= Milligramm	TL	= Teelöffel
kg	= Kilogramm	EL	= Esslöffel
l	= Liter	Pck.	= Päckchen
ml	= Milliliter	Msp.	= Messerspitze

- Alle Kräuter werden frisch verwendet, wenn nichts anderes angegeben ist. Petersilie ist immer die glatte Sorte. Und Pfeffer wird frisch gemahlen, sofern nichts anderes erwähnt ist.
- Die verwendeten Eier haben die Größe M.
- Bei Gemüse und Obst sind große Exemplare gemeint, wenn nichts anderes angegeben wird.
- Knoblauchzehen sind immer groß, bei kleinen Zehen zwei verwenden.
- Ich nehme nur ungesalzene Butter und bei Milch die Vollmilch-Variante, Abweichungen davon sind erwähnt.
- Alle Gar- und Zubereitungszeiten sind Richtwerte und können je nach Herd und Ofen abweichen.
- Die Temperatur von Frittieröl kann man vorab testen: dazu ein Stück eines Holzlöffels in das heiße Öl tauchen. Wenn sich auf dem Holzlöffel kleine Bläschen bilden, ist das Öl etwa 180–190 °C heiß und richtig temperiert.
- Beim Frittieren das Frittiergut vorsichtig ins Öl tauchen, um Spritzer zu vermeiden. Wichtig: Das Öl nie unbeaufsichtigt lassen!
- Löffel-Mengenangaben sind immer gestrichene Maße. Grob gilt folgende Faustregel:
  1 Teelöffel (1 TL) = 5 ml
  1 Esslöffel (1 EL) = 15 ml
- Bei manchen Rezepten gibt es Zutaten ohne genaue Mengenangaben (z. B. bei Ölen, Salz und Kräutern). Hier kann man nach eigenem Geschmack dosieren.
- Gerichte mit diesem Logo sind vegetarisch:

Frühstück und Brunch

Breakfast Cookie

Für 2 Portionen
Vorbereitungszeit: 5 Min.
Zubereitungszeit: 20 Min.

½ oder eine kleine Banane
6 EL zarte Haferflocken
120 ml Milch oder
pflanzl. Milchalternative
½ TL Zimt
1 EL Kokosraspel

Für die Toppings (optional):
Joghurt
Nüsse
Früchte

1. Die Banane in einer Schüssel mit einer Gabel zerdrücken. Haferflocken, Milch, Zimt und Kokosraspeln hinzugeben und zu einer homogenen Masse vermengen.

2. Ein Backblech mit Backpapier auslegen und jeweils 2–3 EL der Haferflockenmasse zu einem flachen kreisförmigen Cookie verstreichen.

3. Bei 180 °C Umluft für ca. 15 Min. backen.

4. Mit einem Pfannenwender oder Tortenheber vom Backblech lösen und auf einen Teller geben. Mit beliebigen Toppings wie Joghurt, Nüssen und Früchten garnieren.

Pestorührei

Für 2 Portionen
Zubereitungszeit: 10 Min.

4 Bio-Eier
1 EL Milch
2 EL grünes Pesto
1 Prise Salz
1 Prise Pfeffer
2 EL Öl (z. B Olivenöl)
50 g Parmesan (grob geraspelt)
Ciabattabrot

1. Eier in einer kleinen Schüssel verquirlen und mit der Milch vermengen.

2. Pesto, Salz und Pfeffer in die Eiermischung geben und alles gut verrühren.

3. Pfanne auf höchster Stufe erhitzen und das Öl dazugeben. Anschließend die Eiermischung hinzufügen. Kurz warten und auf die mittlere Stufe wechseln. Mit einer Gabel die Eiermischung vorsichtig drehen und zu einem Rührei verarbeiten, ohne dabei die Pfanne zu berühren (mit der Gabel langsam im Uhrzeigersinn rühren).

4. Rührei auf einem Teller servieren und mit Parmesan garnieren. Nach Belieben nachwürzen und mit getoastetem Ciabatta servieren.

Frühstücksfondue

Für 4 Portionen
Vorbereitungszeit: 5 Min.
Zubereitungszeit: 10 Min.

50 g Butter
1 Prise Salz
200 ml Wasser
1 EL Maismehl
250 g Kasar oder Gouda
(gerieben)

1. Butter in einer Pfanne erhitzen und Salz hinzufügen. Mit dem Wasser ablöschen und kurz zum Kochen bringen. Maismehl hinzufügen und sofort mit einem Schneebesen verrühren, bis keine Klumpen mehr da sind (andernfalls einen Schuss Wasser hinzufügen).

2. Dann den Käse nach und nach kräftig ohne Pause unterrühren.

3. Mit Brot servieren und schnell verzehren.

Easy Käsetoast

Für 2 Portionen
Vorbereitungszeit: 5 Min.
Zubereitungszeit: 10 Min.

4 Scheiben weißes Toastbrot
4 Scheiben Käse nach Belieben
1 EL Butter

1. Vom Toastbrot die Ränder entfernen. Mit einem Nudelholz platt walzen und jeweils eine Scheibe Käse auf eine Scheibe Toastbrot legen. Dann die Toastscheibe einrollen.

2. Die Butter in einer Pfanne erhitzen, dann die Rollen darin kross braten und schnell wenden. Am besten sofort servieren.

Shakshuka

Für 2 Portionen
Zubereitungszeit: 15 Min.

1 Knoblauchzehe
1 kleine Zwiebel (bevorzugt rot)
2 EL Öl (z. B. Olivenöl)
1 Dose passierte oder gestückelte Tomaten
100 ml Wasser
1 TL Salz
½ TL Pfeffer
3 Bio-Eier
Chiliflocken nach Belieben
2 Stiele frischer Koriander oder Petersilie
Chilischoten (in Scheiben geschnitten, nach Belieben)

1. Knoblauch schälen und pressen oder klein hacken, Zwiebeln schälen und hacken. Öl in einer Pfanne auf mittlerer Stufe erhitzen und Knoblauch und Zwiebeln darin glasig andünsten.

2. Tomaten in die Pfanne geben und mit dem Wasser 5 Min. köcheln lassen. Salz und Pfeffer dazugeben.

3. Vorsichtig Eier einzeln aufschlagen und in die Sauce gleiten lassen.

4. Langsam abgedeckt köcheln lassen, bis das Eiweiß fest ist, das Eigelb soll flüssig bleiben. Mit Koriander und Chili garnieren. Bei Bedarf mit Salz und Pfeffer abschmecken.

Tipp: Dazu passt Fladen- oder Toastbrot hervorragend.

Omelette-Pizza

Für 2 Portionen
Vorbereitungszeit: 5 Min.
Zubereitungszeit: 10 Min.

3 Bio-Eier
2TL Oregano
2 EL Parmesan (gerieben)
1–2 EL Olivenöl
Tomatensauce

Für den Belag nach Belieben:
Käse
Salamischeiben
1 Prise Oregano
Salz
Pfeffer

1. Eier in einer kleinen Schüssel verquirlen, Oregano und Parmesan hinzufügen.

2. Olivenöl in die Pfanne geben und bei mittlerer Stufe erhitzen, Eier vorsichtig hinzufügen. Kurz auf hoher Stufe anbraten, dann auf mittlere Stufe herunterschalten.

3. Nach Wunsch belegen und ein wenig Tomatensauce darüber verteilen. Einen Deckel auf die Pfanne legen und braten, bis die Eier durch sind und der Käse geschmolzen ist.

Kräuter-Crêpe

Für ca. 8–10 Stück
Vorbereitungszeit: 10 Min.
Zubereitungszeit: 20 Min.

Für den Teig:
5 Stängel Petersilie
2 Stängel Dill
10 Stängel Schnittlauch
1 Handvoll Babyspinat
80 g Butter plus etwas mehr für die Pfanne
300 ml Milch nach Wahl
2 Bio-Eier
150 g Mehl
Salz
Pfeffer

Für die Füllung:
150 g Schmand (24 % Fett)
Saft von ½ Bio-Zitrone
1 Frühlingszwiebel
50 g Blattspinat
100 g Gurke
1 Tomate

1. Für den Teig Petersilie, Dill, Schnittlauch und Spinat waschen und trocken schütteln. Petersilie und Dill vom Stiel zupfen, Schnittlauch fein schneiden. Alles in einen Food-Prozessor geben und zerkleinern. Butter zerlassen und zusammen mit Kräutern, Milch, Eiern und Mehl in eine Schüssel geben. Mit einem Schneebesen zu einem glatten Teig verrühren.

2. Den Teig mit Salz und Pfeffer abschmecken. In einer Pfanne ein wenig Butter verteilen und den Teig in die Mitte fließen lassen. Die Pfanne einmal drehen, um alles gleichmäßig zu verteilen. Auf niedriger Hitze kurz auf beiden Seiten backen (die leuchtende Farbe erhält der Crêpe in der Pfanne).

3. Für die Füllung den Schmand in eine Schüssel geben. Die Zitrone halbieren, den Saft auspressen und hinzugeben. Frühlingszwiebel waschen, abtrocknen und in feine Ringe schneiden. Blattspinat waschen und trocken tupfen. Gurke waschen, abtrocknen und in Streifen schneiden. Tomate waschen, abtrocknen und in dünne Scheiben schneiden. Die Innenseite des Crêpe mit dem Zitronen-Schmand bestreichen und mit Frühlingszwiebel, Blattspinat, Gurke und Tomate belegen. Mit Salz und Pfeffer würzen und servieren.

Fluffy Banana-Pancake-Tower

Für 4 Portionen
Vorbereitungszeit: 15 Min.
Zubereitungszeit: 30 Min.

Für den Teig:
5 Eiweiß
2 Eigelb
1 EL Vanilleextrakt
3 EL geschmolzene Butter
170 g Mehl
100 ml Milch
4 EL Zucker
1 TL Backpulver
½ TL Natron
Butter zum Einfetten

Für die Füllung:
2–3 Bananen
etwas Honig

Für die Pancake-Sauce:
150 ml gezuckerte Kondensmilch
Bananenmilchpulver nach Belieben

Für das Topping:
Obst der Saison

Sonstiges:
Pancake-Ring (ø 9 cm)

1. Eiweiß aufschlagen.

2. Restliche Zutaten für den Teig in einer separaten Schüssel mixen. Danach Eischnee unterheben.

3. Einen Pancake-Ring einfetten und in eine Pfanne setzen. Die Pancakes nacheinander auf niedriger Stufe mit geschlossenem Deckel zubereiten.

4. Für die Füllung Banane in etwas dickere Scheiben schneiden, dann in einer Pfanne mit ein wenig Honig karamellisieren.

5. Für die Sauce Kondensmilch mit dem Bananenmilchpulver vermengen und in einer Pfanne kurz erhitzen.

6. Die Pancakes mit jeweils einer Schicht der Bananenfüllung dazwischen übereinanderstapeln. Die Sauce darübergeben. Nach Belieben mit Obst garnieren.

Frittata

Für 2 Portionen
Vorbereitungszeit: 5 Min.
Zubereitungszeit: 15 Min.

125 g Brokkoli
1 große Kartoffel
½ Zwiebel oder
1 Frühlingszwiebel
2 EL Olivenöl
4 Bio-Eier
1 Schuss Milch
50 g Feta (alternativ: Gouda)
1 Prise Salz
1 Prise Pfeffer
1 Prise Muskatnuss nach Belieben

1. Brokkoli klein schneiden, Kartoffel schälen und in kleine Würfel schneiden. Brokkoli und Kartoffeln in einer Pfanne mit ein wenig Wasser (ca. 200 ml) gar kochen und das Wasser danach abgießen. Zwiebeln würfeln (bei Frühlingszwiebeln: fein schneiden) und mit Olivenöl in der gleichen Pfanne neben Kartoffeln und Brokkoli kurz andünsten. Dann Brokkoli (für die Garnitur 2–3 Röschen zur Seite legen) und Kartoffeln mit den Zwieblen vermengen und kurz schwenken.

2. Eier und Milch 1 Min. in einer Schüssel verquirlen. Salz, Pfeffer und Muskatnuss unterheben. Die Eier zu den Kartoffeln und Brokkoli geben, dann den Feta darüberbröseln und auf schwacher Hitze, am besten mit Deckel, gar werden lassen.

3. Die Frittata in Viertel schneiden und mit Brokkoli garnieren.

Cems Currywurstpfanne

Für 2 Portionen
Vorbereitungszeit: 5 Min.
Zubereitungszeit: 10 Min.

ca. 200 g Mini-Rinderwürstchen oder Geflügelwürstchen (aus dem türkischen Supermarkt)
1 EL Pflanzenfett
4 EL Ketchup
1 TL Curry
1 Prise Salz
1 Prise Pfeffer

Für die Beilagen:
Brot
frische Tomaten

1. Die Würstchen an beiden Enden vorsichtig jeweils ca. 1 cm tief mit einem X einschneiden.

2. Das Pflanzenfett in einer Pfanne erhitzen und die Würstchen leicht kross braten. Ketchup und die Gewürze hinzufügen, vermengen und ganz kurz köcheln.

3. Mit Brot und Tomaten servieren.

Butterspiegeleier mit grünem Spargel und Erbsen

Für 2 Portionen
Vorbereitungszeit: 5 Min.
Zubereitungszeit: 10 Min.

100 g Butter
1 kleiner Bund grüner Spargel
100 g gefrorene Erbsen (bitte keine Dosenerbsen)
4 Bio-Eier
1 Prise Salz
1 Prise Pfeffer
2–3 Stiele Petersilie zum Garnieren

1. Die Hälfte der Butter in einer Pfanne erhitzen.

2. Spargel in der Pfanne braten, wenden und einen Schuss Wasser hinzugeben. Braten, bis der Spargel durch ist, und kurz leicht kross werden lassen. Dann die Erbsen hinzugeben.

3. Die restliche Butter und dann die Eier vorsichtig hinzugeben, am besten vorher in eine Schale schlagen.

4. Mit Salz und Pfeffer bestreuen. Mit Petersilie garnieren.

Salty Seed Pancakes

Für 4 Portionen
Vorbereitungszeit: 5 Min.
Zubereitungszeit: 20 Min.

2 Bio-Eier
1 TL Salz
1 Prise Pfeffer
250 g Milch (alternativ: pflanzl. Milch)
2 EL Öl (z. B. Raps- oder Sonnenblumenöl)
175 g Mehl
1 kleiner TL Backpulver
1 EL Wasser mit Kohlensäure
Pflanzenöl zum Anbraten
1 Handvoll Kürbiskerne
1 Handvoll Sonnenblumenkerne
Samen nach Belieben (z. B. Leinsamen)

1. Eier, Salz und Pfeffer in einer Schüssel mit einem Handrührgerät für ca. 1 Min. cremig schlagen. Milch und Öl hinzugeben.

2. Dann vorsichtig nach und nach Mehl hinzugeben.

3. Backpulver hinzugeben. Alles kurz verrühren.

4. Sprudelwasser hinzugeben und mit einem Löffel unterrühren.

5. In einer beschichteten Pfanne kurz das Pflanzenöl erhitzen. Eine kleine Kelle voll oder 2–3 EL Teig zu Pancakes so formen, sodass 3 Pancakes in der Pfanne sind. Auf niedriger Stufe backen. Die Körner auf der oberen Teighälfte verteilen und die Pancakes ca. 2 Min. backen, dann wenden und erneut ca. 2 Min backen. Mit dem Rest des Teigs wiederholen.

6. Je nach Belieben mit Schmand oder Hüttenkäse und Gemüse garnieren.

Tipp: Wer die Pancakes süß mag, kann Salz auch durch Zucker ersetzen.

Frühstücksnestchen

Für 4 Portionen
Vorbereitungszeit: 5 Min.
Zubereitungszeit: 15 Min.

1 Zucchini
2 Karotten
2 EL Olivenöl
1 Prise Kräutersalz
Chiliflocken nach Belieben
Kräuter nach Belieben
80–100 ml Wasser
4 Bio-Eier

Zubehör:
1 Spiralschneider

1. Zucchini und Karotten waschen. Karotten schälen.

2. Die Zucchini durch den Spiralschneider ziehen, bis die Hälfte der Zucchini aufgebraucht ist. Diese zur Seite legen. Die andere Hälfte durch den Spiralschneider ziehen und separat zur Seite legen.

3. Jeweils eine Karotte durch den Spiralschneider ziehen und als Portion zur Seite legen.

4. Das Olivenöl in eine große Pfanne geben und bei mittlerer Stufe erhitzen.

5. Die Zucchini- und Karottennester schön in die Pfanne legen und mit Gewürzen und Kräutern bestreuen. Vorsichtig das Wasser hinzugeben. Deckel auf die Pfanne setzen und auf niedriger Hitze gar werden lassen.

6. Jeweils ein Ei vorsichtig auf ein Nest schlagen. Olivenöl gleichmäßig in der Pfanne verteilen und für ca. 5 Min. mit Deckel braten.

7. Bei Bedarf nochmal mit Salz, Pfeffer oder Chiliflocken nachwürzen.

Foodtrends

Karamellisierte Mini-Pancakes

Für 2 Portionen
Zubereitungszeit: 20–25 Min.

Für den Teig:
1 Bio-Ei
250 ml Milch
200 g Mehl (Type 405)
3 TL Backpulver
1 Prise Salz
2 EL Zucker
etwas Pflanzenöl zum Anbraten

Für das Karamell:
1 EL Butter
2 EL Honig oder Karamellsauce

Für das Topping:
gescholzene Butter
frische Früchte

Zubehör:
Spritzbeutel, Gefrierbeutel oder Spritzflasche

1. Alle Zutaten für den Teig zu einer homogenen Masse vermengen.

2. Den fertigen Teig in eine Spritztüte geben. Eine kleine Öffnung in die Tüte schneiden.

3. Eine Pfanne mit Pflanzenöl erhitzen und kleine Pancakes (etwa so groß wie ein Euro-Stück) in die Pfanne spritzen. Goldbraun anbraten lassen und wenden.

4. Die fertigen Mini-Pancakes in eine extra Pfanne geben und mit der Butter-Karamell-Sauce karamellisieren.

5. Die Pancakes in eine Schüssel geben und mit heißer Butter und Früchten garnieren.

Pancake Cereals

Für 2 Portionen
Zubereitungszeit: 20 Min.

60g Butter + zum Anbraten
1 Bio-Ei
250ml Milch
200g Mehl (Type 405)
3TL Backpulver
1 Prise Salz
2EL Zucker
etwas Pflanzenöl zum Anbraten
Puderzucker
150ml Milch

Zubehör:
Spritzbeutel, Gefrierbeutel oder Spritzflasche

1. Alle Zutaten für den Teig zu einer homogenen Masse vermengen.

2. Den fertigen Teig in eine Spritztüte geben. Eine sehr kleine Öffnung in die Tüte schneiden

3. Eine Pfanne mit Pflanzenöl erhitzen und sehr kleine Pancakes (etwa so groß wie ein 5-Cent-Stück) in die Pfanne spritzen.

4. Goldbraun und kross anbraten und wenden.

5. Die fertigen Mini-Pancakes in eine Schüssel geben und mit Puderzucker bestäuben, damit sie nicht weich werden.

6. Mit Milch übergießen und servieren.

Tipp: So kann man sich ganz einfach selbst Cereals machen, die nicht so süß sind wie die aus dem Supermarkt.

Schokokuss-French-Toast

Für 2 Portionen
Vorbereitungszeit: 5 Min.
Zubereitungszeit: 10 Min.

4 Scheiben Brioche, etwas dicker geschnitten (oder Hefeteigbrot)
2 EL Butter
2 Schokoküsse
Aufstrich nach Belieben (z. B. Schokocreme)

1. Jede Scheibe Brioche-Brot auf einer Seite mit Butter bestreichen und 2 Scheiben gleichzeitig leicht in einer Pfanne anbraten. Mit der Rückseite eines Esslöffels eine Mulde in der nicht angebratenen Seite der Scheiben formen, um den Schokokuss darin »verstecken« zu können.

2. Den Schokokuss von der Waffel trennen und auf eine Scheibe legen. Die andere Scheibe mit einem beliebigen Aufstrich bestreichen. Diese Scheibe dann mit der belegten Seite auf den Schokokuss drücken. Mit einem Pfannenwender kurz nochmal und nicht zu stark pressen.

3. Dann in der Mitte durchschneiden und servieren.

Cems Hot Chickz

Für 8 Portionen
Zubereitungszeit: 20 Min.

Für die Marinade:
500 ml Buttermilch
80 ml Worcestershiresauce
60 ml Tabasco
2 EL Honig
1 TL Sojasauce

Für das Topping:
600 g Hähnchenbrustfilet
750 ml Öl oder Fett zum Frittieren

Für die Panade:
250 g Mehl
2 ½ TL Hühnerbrühepulver
3 TL Zwiebelsalz
3 TL schwarzer Pfeffer
3 TL Paprikapulver
1 TL Knoblauchpulver

Für den Waffelteig:
250 g Butter
100 g Zucker
2 Päckchen Vanillezucker
1 Prise Salz
6 Bio-Eier
500 g Mehl
1 Packung Backpulver
400 ml Milch

1. Für die Marinade in einer großen Schüssel Buttermilch, Worcestershiresauce, Tabasco, Honig und Sojasauce vermischen.

2. Die Hähnchenbrustfilets zuschneiden, in die Schüssel geben und in der Mischung wenden. Die Schüssel abdecken und für 12 Std. im Kühlschrank kalt stellen.

3. Für die Panade Mehl und Gewürze in einer Schüssel mischen. Hähnchen aus der Buttermilch-Mischung nehmen, mit der Panade bedecken und dann im Öl frittieren. Für den Waffelteig Butter, Zucker, Vanillezucker und Salz cremig rühren. Eier nacheinander unter den Waffelteig rühren.

4. Mehl und Backpulver mischen und abwechselnd mit der Milch unterrühren.

5. Pro Waffel 3 EL Waffelteig in die Mitte des heißen, geölten Waffeleisens geben. Dieses schließen und die Waffeln backen, bis sie goldbraun sind.

6. Auf einem Teller ca. 2–3 Waffeln übereinanderlegen, dann 3 Hähnchenteile mithilfe eines Spießes übereinanderstapeln und mit einer Sauce nach Belieben garnieren.

Hot Cheeto Pocket

Für 4 Portionen
Vorbereitungszeit: 5 Min.
Zubereitungszeit: 15 Min.

8 XL-Sandwichtoast-Scheiben
4 Scheiben Mozzarella
4 Scheiben Cheddar
1 Ei
1 Schuss Milch
1 Packung Cheetos oder Maisbällchen
Pflanzenöl zum Braten

1. Je eine Toastscheibe mit einer Scheibe von jedem Käse belegen, dann mit einer weiteren Scheibe Toast bedecken. Mit einem großen Glas oder einer kleinen Schale den Toast von oben nach unten zerdrücken, etwas drehen und vorsichtig einen Kreis ausstechen.

2. Das Ei mit der Milch in einem Suppenteller verquirlen.

3. Cheetos in einer Frühstückstüte zerbröseln und dann auf einen flachen Teller legen.

4. Die Pockets kurz in die Eiermasse tunken, in den Cheetos wenden und diese leicht festdrücken.

5. In einer Pfanne Pflanzenöl erhitzen, die Pockets vorsichtig hineinlegen, frittieren und nach kurzer Zeit wenden.

6. Direkt verzehren, damit der Käse nicht kalt wird.

Strawberry Rolls

Für 2 Portionen
Zubereitungszeit: 15 Min.

1 Handvoll Erdbeeren
2 Bio-Eier
1 Schuss Milch
1 Prise Zimt
4 Scheiben weißes Toastbrot
2–3 EL Frischkäse
1 EL Butter
Zimt und Zucker zum Bestreuen

1. Erdbeeren waschen und würfeln.

2. Eier in einer Schüssel mit der Milch verquirlen, eine Prise Zimt hinzugeben und vermengen.

3. Vom Toastbrot die Ränder entfernen, mit einem Nudelholz platt walzen und dann mit Frischkäse bestreichen. Die Erdbeeren jeweils auf ein Ende einer Toastscheibe reihen und die Scheibe von dort aus einrollen. Daraufhin die Rolle in die Eiermischung tunken.

4. Die Butter in einer Pfanne erhitzen, dann die Rollen in der Butter kross braten und schnell wenden. Auf einem Teller mit Zimt und Zucker bestreuen und servieren.

Stullen, Sandwiches, Marmeladen und Dips

Feigen-Ziegenkäse-Brot mit Honig und Thymian

Für 2 Portionen
Zubereitungszeit: 10 Min.

2–3 frische Feigen
2 dicke Scheiben Brot nach Wahl (z. B. Bauernkruste, Sauerteig- oder Roggenmischbrot)
1 Rolle Ziegenkäse
2– EL Frischkäse (z. B. Ziegenfrischkäse)
3 EL Honig
1 Handvoll Walnusshälften
2–3 Stiele Thymian

1. Die Feigen waschen und in Scheiben oder Würfel schneiden.

2. Die Brotscheiben mit Frischkäse bestreichen. Die Ziegenkäserolle in ca. 5 mm dicke Scheiben schneiden und abwechselnd mit den Feigen auf dem Brot schichten. Mit Honig beträufeln und mit Walnüssen und Thymian garnieren.

Avocado-Steak-Toast

Für 1 Portion
Zubereitungszeit: 15 Min.

2–3 Toastscheiben
100 g Steak
4 EL Öl nach Wahl
(z. B. Pflanzenöl)
2 Bio-Eier
Salz
Pfeffer
1 Handvoll Kresse

Für die Guacamole:
1 Avocado
Saft von ½ Limette
½ TL Salz
Pfeffer
Chilliflocken nach Belieben
1 Knoblachzehe (gepresst, nach Belieben)

1. Toastscheiben entweder natur belassen oder toasten, dann stapeln.

2. Steak in 2 EL Öl nach Belieben medium oder well done anbraten.

3. Nochmals 2 EL Öl in der Pfanne erhitzen und die Eier in einer kleinen Schüssel verquirlen. In die Pfanne gießen und zu einem Rührei verarbeiten.

4. Für die Guacamole die Avocado halbieren und aus beiden Hälften das Fruchtfleisch mit einem Löffel auskratzen. Das Fruchtfleisch in einer Schale mit einer Gabel zerdrücken, den Limettensaft dazugeben und mit den Gewürzen abschmecken. Den gepressten Knoblauch hinzufügen (nach Belieben).

5. Guacamole gleichmäßig auf dem Stapel verstreichen und mit Rührei und dem Steak toppen. Mit Salz, Pfeffer und Kresse bestreuen.

Pastrami-Sandwich

Für 2 Portionen
Vorbereitungszeit: 5 Min.
Zubereitungszeit: 10 Min.

3 Brotscheiben nach Belieben (z. B. Grau-, Sauerteig- oder Weißbrot)
1–2 EL Frischkäse nach Belieben
100 g Pastrami
körniger Dijon- oder anderer Senf
Gewürzgurken oder Cornichons
geraspelter Parmesan nach Belieben

1. Eine Brotscheibe mit Frischkäse bestreichen und Pastrami locker und etwas versetzt darauflegen. Dann den Senf aufstreichen.

2. Die Gewürzgurken längs aufschneiden und auflegen. Mit der zweiten Scheibe Brot abschließen. In der Mitte durchschneiden und nach Belieben mit Parmesan bestreut servieren.

Champignon-Avocado-Stulle

Für 2 Portionen
Vorbereitungszeit: 5 Min.
Zubereitungszeit: 15 Min.

1 Avocado
Salz
Pfeffer
Saft von ¼ Zitrone
½ Knoblauchzehe (gepresst)
1 EL Olivenöl
6–8 (braune) Champignons
2 Scheiben Sauerteigbrot (oder anderes Brot)

1. Fruchtfleisch der Avocado in eine Schale geben, zerquetschen, dann mit Salz und Pfeffer würzen. Zitronensaft und Knoblauch hinzugeben und verrühren.

2. In einer Pfanne das Olivenöl warm werden lassen. Champignons in Scheiben schneiden und leicht anbraten. Mit Salz und Pfeffer würzen.

3. Die Brotscheiben mit der Avocado-Creme dick bestreichen und die warmen Champignonscheiben darauflegen.

Fetadip

Für 2 Portionen
Vorbereitungszeit: 5 Min.
Zubereitungszeit: 10 Min.

200 g Feta
2 Stängel frischer Dill (gehackt)
½ Frühlingszwiebel (in Ringe geschnitten)
1 grüne Spitzpaprikaschote
2 EL Olivenöl zum Anbraten und zum Beträufeln
1 Prise Pfeffer
1 Prise Salz
1 Prise Chili nach Belieben

1. Den Feta zerbröseln, Dill und Frühlingszwiebeln unterheben.

2. Spitzpaprika in feine Ringe schneiden. 1 EL Olivenöl in einer Pfanne bei mittlerer Stufe erhitzen und die Paprikaringe darin für ca. 5 Min. anbraten. Unter die Fetamasse heben und gut vermengen.

3. Einen Schuss Olivenöl sowie Salz und Pfeffer darüber geben. Bei Bedarf mit Chili würzen.

Avocadohummus

Für 4 Portionen
Vorbereitungszeit: 5 Min.
Zubereitungszeit: 10 Min.

200 g Hummus (gekauft oder selbst gemacht)
1 Avocado
Saft von 1 Limette
5–6 Stängel Koriander (oder mehr Petersilie)
5–6 Stängel Petersilie
1 Prise Salz
1 Prise Pfeffer
1 kleine Knoblauchzehe (geschält)
Chiliflocken nach Belieben

Für das Topping:
1 EL Olivenöl
Salz und Pfeffer

1. Den Hummus in einen kleinen Standmixer geben. Etwas Koriander für die Garnitur beiseite legen. Den restlichen Koriander mit den anderen Zutaten hinzufügen und zu einer cremigen Masse mixen. .

2. Hummus in einer Schale anrichten und mit einem Löffel eine leichte Kuhle hineindrücken. Olivenöl darauftäufeln, dann Salz und Pfeffer darüberstreuen und mit Koriander garnieren.

Rote-Bete-Hummus

Für 4 Portionen
Vorbereitungszeit: 5 Min.
Zubereitungszeit: 10 Min.

1 Dose Kichererbsen
2 Knoblauchzehen
1 vorgekochte Rote Bete
1 EL Tahin nach Belieben
1 TL Salz
1 Prise Pfeffer
1 Spritzer Zitronensaft

Für das Topping:
2 EL Olivenöl
Koriander und Sesam nach Belieben
Granatapfelkerne

1. Kichererbsen abgießen und kurz abwaschen.

2. Knoblauch schälen und pressen und Rote Bete in kleine Würfel schneiden.

3. Alle Zutaten in eine Schüssel geben und mit einem Pürierstab oder in einer Küchenmaschine cremig rühren.

4. Bei Bedarf nachwürzen und etwas mehr Zitronensaft hinzugeben.

5. In einer Schale anrichten und mit einem Löffel eine leichte Kuhle hineindrücken. Olivenöl darüber geben und nach Belieben mit Koriander, Sesam oder Granatapfelkernen garnieren.

Avocado-Creme-fraîche-Dip

Für 2 Portionen
Vorbereitungszeit: 5 Min.
Zubereitungszeit: 10 Min.

2 Avocados
3 EL Crème fraîche
½ Knoblauchzehe (geschält)
1 Spritzer Limetten- oder Zitronensaft
1 Prise Chiliflocken
½ TL Salz
1 Prise Pfeffer

Zum Dippen:
Gemüsesticks (z. B. Gurke, Paprika, Kohlrabi)
Brot

1. Avocados halbieren, das Fruchtfleich auskratzen und in einer Schale mit der Gabel oder einem Pürierstab schön cremig schlagen.

2. Dann die restlichen Zutaten hinzugeben und verrühren.

3. Mit Gemüsesticks und Brot zum Dippen servieren oder auf Brot streichen.

Kirschmarmelade mit weißer Schokolade

Für ca. 10 Gläser à 200 ml
Zubereitungszeit: 45 Min.

2 kg Kirschen
1 kg Gelierzucker 2:1
1 EL Zitronensaft
250–300 g weiße Schokolade oder Kuvertüre

1. Kirschen waschen, entkernen, halbieren und in einen Topf geben. Den Gelierzucker hinzufügen, die Früchte leicht pürieren und das Ganze aufkochen lassen. Zitronensaft hinzufügen und auf kleiner Flamme für ca. 3–5 Min. weiterkochen lassen, dabei öfter umrühren.

2. Schokolade raspeln und zu den Kirschen geben.

3. Die Masse durch ein kleines Sieb abseihen, sofort in Gläser füllen, gut verschließen und auf den Kopf stellen.

Erdbeermarmelade mit schwarzem Pfeffer, Vanille und Balsamico-Essig

Für ca. 10 Gläser à 200 ml
Ruhezeit: 2–3 Std.
Zubereitungszeit: 45 Min.

2 kg Erdbeeren
1 kg Gelierzucker 1:2
1 EL Zitronensaft
Abrieb von 1 Bio-Limette
1 Vanilleschote
4 EL dunkler Balsamico-Essig
2 gestr. TL schwarze Pfefferkörner

1. Erdbeeren putzen und halbieren. Mit Gelierzucker in einem hohen Topf verrühren und 2–3 Std. zugedeckt ziehen lassen.

2. Fruchtzubereitung unter gelegentlichem Rühren zum Kochen bringen, 5 Min. kochen lassen und dabei rühren, damit nichts ansetzt. Restliche Zutaten nach der halben Garzeit zufügen und mitgaren. Am besten eine Gelierprobe machen.

3. Heiße Konfitüre sofort in saubere, heiß ausgespülte Gläser füllen. 1 TL heißes Wasser oben dazugeben und dann direkt die Gläser verschließen, auf den Kopf stellen und abkühlen lassen.

Feigenmarmelade mit Thymian und Apfelsaft

Für ca. 10 Gläser à 200 ml
Vorbereitungszeit: 45 Min.
Ruhezeit: 24 Std.
Zubereitungszeit: 20 Min.

2 kg frische Feigen
1 ½ l Apfelsaft
1 ½ kg Gelierzucker 2:1
3 Zweige Thymian

1. Die Feigen schälen und in kleine Stücke schneiden. Apfelsaft und Gelierzucker dazugeben und über Nacht, aber am besten 24 Std., stehen lassen. Anschließend alles in einen Topf geben und ca. für 10 Min. aufkochen.

2. Thymianblätter von den Zweigen trennen und nach der halben Garzeit mit in den Topf geben.

3. Heiße Marmelade sofort in saubere, heiß ausgespülte Gläser füllen. Gläser verschließen, auf den Kopf stellen und abkühlen lassen.

Vorspeisen

Buntes Tomaten-Carpaccio

Für 2 Portionen
Zubereitungszeit: 10 Min.

3 große Tomaten (rot und gelb gemischt)
1 Frühlingszwiebel
100 g Feta
1–2 EL Olivenöl
1 Prise Salz
1 Prise Pfeffer
1 TL Sumach

1. Tomaten in feine Scheiben schneiden und fächerförmig auf einen Teller legen.

2. Die Frühlingszwiebel in feine Ringe schneiden.

3. Den Feta über die Tomaten bröseln, dann die Frühlingszwiebelringe und Olivenöl darüber geben.

4. Mit Salz, Pfeffer und Sumach würzen.

Baba Ganoush

Für 2 Portionen
Vorbereitungszeit: 5 Min.
Zubereitungszeit: 30 Min.

2–3 Knoblauchzehen (nach Belieben mehr)
3 Auberginen
2 rote Spitzpaprikaschoten
2 grüne Spitzpaprikaschoten
3 große Tomaten
2 Prisen Salz
3 EL Olivenöl
3 EL Granatapfelsirup

1. Gemüse waschen, Knoblauch schälen. Auf ein mit Backpapier belegtes Blech geben und im Ofen bei 180 °C Umluft 20 Min. backen. Zwischendurch wenden, damit das Gemüse weich wird.

2. Gemüse aus dem Ofen nehmen, abkühlen lassen und schälen.

3. Aubergine auf einem Schneidebrett mit einem Messer zu einem feinen Mus hacken, dasselbe mit Paprika, Tomaten und Knoblauch wiederholen.

4. Salz, Olivenöl und Granatapfelsirup hinzugeben und alles schön vermengen.

Burrata auf Ofentomaten

Für für 2 Portionen
Vorbereitungszeit: 5 Min.
Zubereitungszeit: 25 Min.

500 g bunte kleine Tomaten
2–3 Spitzpaprikaschoten
1 Knoblauchzehe
etwas Olivenöl
1 Prise Salz
1 Prise Pfeffer
Gewürze nach Belieben (z.B. getr. Oregano oder getr. Rosmarin)
1 Burrata/Büffelmozzarella/Mozzarella
frisches Basilikum zum Garnieren
Balsamico-Creme
frisches Brot zum Dippen

1. Eine kleine Auflaufform mit Backpapier auslegen.

2. Tomaten und Spitzpaprika waschen, dann in die Auflaufform legen. Die Knoblauchzehe pressen und darübergeben. Olivenöl hinzufügen und würzen.

3. Kurz vermengen, dann im vorgeheizten Ofen bei 180 °C Umluft für ca. 15–20 Min. backen.

4. Die Tomaten und die Spitzpaprika auf einem Teller verteilen, den Burrata mit dem Knoten nach oben auf das Gemüse legen.

5. Nach Belieben würzen. Mit Basilikum und Balsamico-Creme garnieren, mit Brot servieren.

Tortilla-Salsa-Cups

Für 12 Stück
Vorbereitungszeit: 15 Min.
Zubereitungszei:t 30 Min.

Für die Garnelen:
6 Tortillas (eine Packung)
2 EL geschmolzene Butter
400 g Tiger Prawns
2 Knoblauchzehen
½ TL Salz
½ TL Pfeffer
1 TL Paprikapulver
½ TL Chilipulver nach Belieben
Olivenöl nach Belieben
1 Spritzer Limettensaft

Für die Füllung:
2 Avocado
1 große rote Zwiebel
½ TL Olivenöl
1 große Tomate
½ frische Jalapeno oder
½ rote Chilischote
1 Limette
6–7 Stängel Koriander
Salz, Pfeffer

Für das Topping:
Sour Cream

Zubehör:
1 Muffinblech

1. Die Tortillas vierteln. Jeweils ein Viertel auf beiden Seiten mit Butter bestreichen und in eine Muffinform drücken.

2. Dann im Ofen bei 180 °C Umluft ca. 15 Min. backen, bis sie eine goldene Farbe annehmen.

3. Garnelen in eine Schüssel geben. Die Knoblauchzehe darüberpressen und alle Gewürze, einen Schuss Olivenöl und Limettensaft hinzugeben. Schön verrühren und die Garnelen kurz in der Marinade lassen.

4. Die Pfanne erhitzen, 1–2 EL Olivenöl hinzugeben und die Garnelen kurz auf hoher Stufe braten, nicht zu lange, damit sie nicht mehlig werden.

5. Für die Füllung die Avocados halbieren und entkernen. Das Fruchtfleisch herausnehmen und in kleine Würfel schneiden.

6. Zwiebel schälen, Tomaten und Japaleno waschen. Zwiebel, Tomaten und Jalapeno in kleine Würfel schneiden. Die Limette ausdrücken.

7. Koriander waschen und fein hacken.

8. Alles in eine Schüssel geben. Gewürze und einen kleinen Schuss Olivenöl hinzufügen. Dann vorsichtig vermengen, damit die Avocados nicht matschig werden.

9. 1 EL der Avocado-Füllung in ein Tortilla-Cup geben. EIne Garnele darauflegen und 1 TL Sour Cream darüberhäufeln. Nach Belieben Korianderblätter und eine kleine Prise Salz und Pfeffer darüberstreuen und nach Bedarf abschmecken. Die Schritte wiederholen, bis keine Cups mehr übrig sind.

Bresola-Trüffel-Röllchen

Für 4 Portionen
Vorbereitungszeit: 5 Minn.
Zubereitungszeit: 10 Min.

500 g Bresola (in Scheiben)
200 g Frischkäse
2 EL Trüffelöl nach Belieben
1 Prise Salz
1 Prise Pfeffer
1 Zweig Rosmarin (abgezupft)

Zum Garnieren:
1 Prise Salz
1 Prise Pfeffer
1 EL Parmesan
1 Zweig Rosmarin (abgezupft)

1. 2 Scheiben Bresola leicht überlappend nebeneinanderlegen.

2. In einer Schale den Frischkäse und die restlichen Zutaten zu einer Creme vermengen.

3. 1–2TL davon auf die Bresolascheiben geben und ein wenig verteilen. Dann mit Salz und Pfeffer würzen. Vorsichtig einrollen und mit Parmesan und ein wenig Rosmarin garnieren.

Ofenkürbis mit Feta

Für 4 Portionen
Vorbereitungszeit: 5 Min.
Zubereitungszeit: 25 Min.

½ Hokkaidokürbis
1 Prise Salz
1 Prise Pfeffer
frischer Thymian nach Belieben
Chiliflocken nach Belieben
5 EL Olivenöl
200 g Feta
50 g Kürbiskerne
50 g Sonnenblumenkerne

1. Kürbis waschen und in Spalten schneiden. Ein Backblech mit Backpapier belegen und die Spalten drauflegen.

2. Mit Salz und Pfeffer würzen. Nach Belieben Thymian waschen und Blättchen abzupfen. Mit den Chiliflocken über den Kürbis streuen.

3. Das Olivenöl gleichmäßig auf den Spalten verteilen.

4. Den Feta auf die Spalten bröseln. Kürbis- und Sonnenblumenkerne darauf verteilen.

5. Dann bei 180 °C Umluft für 15–20 Min. backen.

Rote-Bete-Carpaccio

Für 2 Portionen
Vorbereitungszeit: 5 Min.
Zubereitungszeit: 10 Min.

1 Rote Bete (vorgekocht)
½ kleine rote Zwiebel
1 Handvoll Cherry-Tomaten
etwas Feta
Walnüsse

Für das Dressing:
1 EL Joghurt
etwas Olivenöl
1 Prise Salz
1 Prise Pfeffer

1. Die Rote Bete in feine Scheiben schneiden und auf einem Teller nebeneinanderliegend anrichten.

2. Die Zwiebel schälen, fein hacken und über der Roten Bete verteilen. Cherry-Tomaten würfeln oder vierteln und darüber geben. Feta und Walnüsse zerbröseln und auf dem Teller verstreuen.

3. Dressing-Zutaten in einer kleinen Schale vermengen und über den Teller geben.

Tipp: Die Farbe des Dressings habe ich mit ein wenig des Rote-Bete-Wassers erreicht. Rote Bete ist ein tolles natürliches Färbemittel!

Suppen und Salate

Cremige Hühnersuppe

Für 4–6 Portionen
Vorbereitungszeit: 10 Min.
Zubereitungszeit: 40 Min.

4 Hühnerkeulen
1 Zwiebel (geschält)
3 Lorbeerblätter
3 Kartoffeln
1–2 Karotten
1 Schuss Olivenöl oder
1 EL Butter
1–2 EL Mehl
1 Becher Sahne (200 g)
Salz, Pfeffer
Paprikapulver
1 EL Gemüsebrühe

1. Hühnerkeulen, Zwiebel und Lorbeerblätter in einem großen Topf mit 2 l Wasser kochen.

2. Kartoffeln und Karotten schälen und in Würfel schneiden.

3. In einer Pfanne oder einem anderen Topf die Kartoffeln und Karotten in Olivenöl anbraten. Das Mehl dazugeben und eine Mehlschwitze herstellen. Dann das Wasser, in dem die Hühnerkeulen gekocht wurden, hinzufügen und auf mittlerer Stufe kochen, bis alles gar ist.

4. Das Hähnchen währenddessen zerzupfen (ähnlich wie bei Hühnerfrikassee), am besten mit 2 Gabeln: mit einer Gabel das Fleisch festhalten und mit der anderen auseinanderziehen.

5. Wenn die Kartoffeln und Karotten gar sind, die Sahne hinzugeben, kurz köcheln lassen und das Fleisch hinzugeben. Mit Salz, Pfeffer, Paprikapulver und Gemüsebrühe abschmecken.

Hochzeitssuppe

Für 6 Portionen
Zubereitungszeit: 45 Min.

400 g Kalbsfleisch (wenn möglich am Knochen)
2 EL Margarine oder Pflanzenfett
1 l Wasser
3 EL Mehl
2 EL Joghurt
150 ml flüssige Sahne
Saft von ½ Zitrone
1 Bund Dill
2 TL Salz
1 TL Pfeffer

Für das Topping:
1 EL Butter
Chiliflocken
Paprikapulver
frischer Dill

1. In einem Topf das Fleisch in der Margarine kurz scharf anbraten. Dann mit dem Wasser ablöschen, aufkochen und ca. ½ Std. kochen lassen.

2. In einer Schüssel Mehl, Joghurt und Sahne schnell mit einem Schneebesen vermischen, damit keine Klumpen entstehen.

3. Den Joghurt-Mix in einen anderen Topf geben. Brühe aus dem ersten Topf und Zitronensaft hinzugeben, verrühren und aufkochen, bis die Suppe schön dickflüssig wird.

4. Währenddessen das Fleisch mit 2 Gabeln auseinanderzupfen und dann zu der Suppe geben

5. Dill fein hacken und hinzugeben.

6. Die Suppe abschmecken und würzen. Für das Topping in einer kleinen Pfanne Butter mit Chiliflocken und Paprikapulver schmelzen und kurz anbraten.

7. Suppe mit einem TL des Toppings beträufeln und mit ein wenig Dill garnieren.

Türkischer Bohneneintopf

Für 6–8 Portionen
Vorbereitungszeit: 10 Min.
Zubereitungszeit: 40 Min.

500 g trockene weiße Bohnen (nicht aus der Dose)
3 grüne Spitzpaprikaschoten
2 Zwiebeln
3 große Tomaten
3–4 EL Olivenöl
1 l Wasser
3 EL Tomatenmark
2 EL Paprikamark nach Belieben
2 TL Salz
1 TL Pfeffer

1. Die Bohnen im Sieb ordentlich waschen, dann im Sieb abtropfen lassen.

2. Spitzpaprika waschen, Zwiebeln schälen und Tomaten häuten. Alles in Würfel schneiden.

3. Olivenöl in einem großen Topf erhitzen. Zwiebeln und Gemüse leicht anbraten.

4. Mit dem Wasser ablöschen, Tomatenmark anschließend dazugeben und dann die Bohnen hinzugeben und würzen.

5. Einmal schön aufkochen lassen, dann auf mittlerer Stufe mit Deckel gar werden lassen. Ab und an umrühren und beobachten, bei Bedarf etwas heißes Wasser hinzugeben.

Tipp: Mit Frühlingszwiebeln und Brot genießen.

Kalte Joghurt-Spinat-Suppe mit Bulgur

Für 8 Portionen
Vorbereitungszeit: 5 Min.
Zubereitungszeit: 15 Min.

200 g Bulgur
750 ml Wasser
500 g Blattspinat
(kein Babyspinat)
500 g Griechischer Joghurt
(oder ein anderer Joghurt)
2 TL Salz

1. Bulgur in einem Sieb waschen, dann mit dem Wasser in einen Topf geben und gar kochen.

2. Währenddessen den Spinat gut waschen und in grobe Stücke schneiden.

3. In einem weiteren Topf den Spinat in etwas Wasser weich werden lassen. Ca. 5–7 Min. kochen, dann das Wasser abgießen und den Spinat ausdrücken.

4. Den Spinat in den Topf zu dem Bulgur geben.

5. Joghurt und Salz hinzufügen, vermengen und etwas kaltes Wasser dazugeben. In die Kühlung stellen und kalt servieren.

Erdbeer-Spinat-Salat

Für 2 Portionen
Vorbereitungszeit: 5 Min.
Zubereitungszeit: 10 Min.

500 g Babyspinat
250 g Erdbeeren
1 Avocado
100 g Cashewkerne

Für das Dressing:
2–3 Erdbeeren, zerdrückt, oder 1 EL Erdbeerjoghurt
1 EL Griechischer Joghurt oder saure Sahne
1 Spritzer Limettensaft
1 TL Honig
etwas Wasser

Für das Topping:
1 Prise Sesam oder Kokosflocken

1. Spinat ordentlich waschen, absieben. Erdbeeren waschen und vierteln, Avocado entkernen und in Streifen oder Würfel schneiden. Cashewkerne nach Belieben halbieren. Dann alles in eine Schüssel geben.

2. Die Zutaten für das Dressing in eine kleine Schüssel geben und schön cremig rühren. Mit etwas Wasser wird das Dressing flüssiger.

3. Dressing über den Salat geben und mit Sesam oder Kokosflocken servieren.

Babas Zwiebelsalat

Für 4 Portionen
Zubereitungszeit: 10 Min.

5 große rote oder helle Zwiebeln
10 Stängel Petersilie (gehackt)
2 EL Tomatenmark
2 TL Sumach
1 TL Salz
1 TL Pfeffer
2 große Tomaten

1. Zwiebeln schälen und halbieren, dann in ganz feine Scheiben schneiden. Petersilie fein hacken.

2. Zwiebeln auf einen großen Teller geben und mit den Händen in einzelne Streifen trennen.

3. Die Zwiebeln mit dem Tomatenmark einreiben. Erst Sumach, dann Salz und Pfeffer und Petersilie darüberstreuen. Zum Schluss den Zitronensaft darübergeben. Tomaten in Scheiben schneiden und den Salat damit garnieren. Den Salat 10 Min. ziehen lassen

Caprese mal anders

Für 4 Portionen
Vorbereitungszeit: 5 Min.
Zubereitungszeit: 20 Min.

4 Tomaten
150 ml Sahne
½ TL Pfeffer
1 TL Salz
2 große Büffelmozzarellas
2–3 EL Olivenöl
1 EL Balsamico-Creme
etwas frischer Basilikum

1. Die Tomaten waschen, schälen, stückeln und in eine Schüssel geben. Die Sahne hinzufügen und alles mit einem Pürierstab zerkleinern. Salz und Pfeffer hinzugeben, verrühren.

2. Die Mischung in einen tiefen Teller geben, dann die Büffelmozzarellas auseinanderzupfen und darüber verteilen. Olivenöl mit Balsamico-Creme vermischen, dann Salz und Pfeffer hinzugeben und auf die Teller träufeln. Zum Schluss den Teller mit Basilikum garnieren.

Tipp: Am besten mit frischem Brot servieren.

Frischer Quinoa-Taboulé mit Fisch

Für 1 Portion
Vorbereitungszeit: 5 Min.
Zubereitungszeit: 20 Min.

200 g Quinoa
250 ml Wasser
1 Prise Salz oder Gemüsebrühepulver
1 große rote Paprikaschote
2 Frühlingszwiebeln oder ½ rote Zwiebel
1 kleines Bund frische Minze
6–7 Stiele Petersilie
2 Prisen Salz
2 Prisen Pfeffer
Saft von 1–2 Limetten oder Zitronen
1 TL getr. Minze nach Belieben
300 g weißer Fisch (z. B. Seebarsch, weißes Seelachsfilet)
1 Schuss Olivenöl
1 Prise Chiliflocken
1 Limettenviertel zum Garnieren

1. Quinoa mit Wasser und 1 Prise Salz (oder Gemüsebrühepulver) kochen und kurz abkühlen lassen.

2. Paprika waschen und in ganz kleine Würfel schneiden. Zwiebeln schälen, mit Minze und Petersilie sehr fein hacken. (Einige Minze-Blätter für die Garnitur aufheben.) Alles zur Quinoa geben, vermischen und mit je 1 Prise Salz und Pfeffer würzen. Zum Schluss Limettensaft hinzufügen. Optional die getrocknete Minze in den Händen verreiben und dazugeben.

3. Den Fisch in Olivenöl anbraten, mit Chiliflocken und je 1 Prise Salz und Pfeffer würzen.

4. Den Salat in eine Bowl geben, den Fisch hinzufügen, mit Minze und Limettenviertel garnieren.

Mexican Salad

Für 4 Portionen
Vorbereitungszeit: 10 Min.
Zubereitungszeit: 25 Min.

Für den Salat:
Blätter von 1 Romana- oder Kopfsalat
1 rote Zwiebel
1 große Tomate
½ Gurke
2 Avocados
1 Dose Mais
1 Dose Kidneybohnen

Für das Dressing:
1 EL Olivenöl
1 große Knoblauchzehe (geschält)
8 Stängel Koriander o. Petersilie
3 EL Schmand/Crème fraîche oder saure Sahne
1 EL Joghurt
1 Limette
½ Paprikapulver
1 kleine Prise Chilipulver
2 TL Salz
1 TL Pfeffer
etwas Wasser bei Bedarf

Für die Toppings (nach Belieben):
2 Bio-Hähnchenbrustfilets
Pflanzenöl
Gewürze wie Paprikapulver, Hähnchengewürz oder Knoblauchpulver
50–100 g geriebener Gouda oder Cheddarkäse

1. Salatblätter waschen, trocknen und in eine große Schüssel legen.

2. Zwiebel schälen, Tomaten und Zwiebel würfeln.

3. Gurke schälen, dann das Fruchtfleisch entfernen und die Gurke würfeln.

4. Avocados halbieren, Kerne entfernen und vorsichtig in Streifen schneiden. Diese dann mit einem Esslöffel von der Schale trennen.

5. Mais und Kidneybohnen abtropfen lassen und zum Salat geben.

6. Für das Dressing alle Zutaten in einem Standmixer cremig rühren, dann nach Bedarf etwas Wasser hinzufügen, um die gewünschte Konsistenz zu erhalten. Abschmecken und bei Bedarf nachwürzen.

7. Dressing gleichmäßig über dem Salat verteilen.

8. Für das Topping die Hähnchenbrustfilets am Stück oder geschnetzelt in einer Pfanne mit Pflanzenöl anbraten und gut würzen. Weitere Toppings nach Wahl auf dem Salat verteilen.

Türkischer Spinateintopf

Für 4–6 Portionen
Vorbereitungszeit: 10 Min.
Zubereitungszeit: 35 Min.

1 kg Blattspinat
5 EL Olivenöl
200 g Hackfleisch
1 große Zwiebel (gehackt)
3 EL Tomatenmark
1 Prise Salz
1 Prise Pfeffer
1 ½ l Wasser
4 EL Reis
1 kleine Knoblauchzehe
250 g Joghurt

1. Blattspinat in Wasser einlegen, damit sich der Sand löst, gut abwaschen, dann sieben und klein hacken.

2. Olivenöl in einen Topf geben, das Hackfleisch durchbraten, dann die Zwiebel dazugeben. Tomatenmark, Salz und Pfeffer hinzufügen, mit Wasser ablöschen und zum Kochen bringen. Erst den Reis hinzufügen und dann den Spinat dazugeben, nochmals abschmecken und bei Bedarf nachwürzen. Auf niedriger Stufe 20 Min. köcheln lassen.

3. Den Knoblauch schälen, pressen und in den Joghurt geben.

4. Den Eintopf auf einem Teller mit dem Joghurt servieren.

Hauptgerichte

Schwiegerpapas Knoblauchscampis

Für 2 Portionen
Vorbereitungszeit: 5 Min.
Zubereitungszeit: 15 Min.

5–7 Knoblauchzehen (je nach Intensität)
1 Bund Blattpetersilie
250 g Scampis, geschält und enddarmt
200 g Butter
Fischgewürze nach Belieben
Salz
Pfeffer
2 cl Pastis Ricard oder Raki nach Belieben

1. Knoblauchzehen schälen und pressen oder ganz fein hacken. Petersilie waschen, trocknen und ganz fein hacken. Die Scampis in der Butter 1 Min. je Seite anbraten. Mit Fischgewürz, Salz und Pfeffer würzen und mit dem Pastis ablöschen. Dann die Scampis aus der Pfanne nehmen in eine Schüssel geben. Zur Seite stellen.

2. Petersilie in der Scampi-Pfanne in der Butter andünsten, die Scampis und den Knoblauch dazugeben und 1 Min. köcheln lassen.

3. Dann auf hellem, mit Butter bestrichenem Baguette servieren.

Fake Dönerteller

Für 4 Portionen
Vorbereitungszeit: 10 Min.
Zubereitungszeit: 20 Min.

300 g Rind- oder Lammfleisch
2 EL Margarine oder Pflanzenfett zum Anbraten
1 TL Salz
1 TL Pfeffer
2 TL edelsüßes Paprikapulver
Knoblauchpulver
1 TL getr. Oregano
½ Knoblauchzehe (gepresst)
1 großer EL Butter
3 EL Tomatenmark
3–4 mittelgroße Tomaten (in Würfel geschnitten)
1 Pidebrot oder Weißbrot
Petersilie
Joghurt

1. Das Fleisch wie Geschnetzeltes in Scheiben schneiden. In Margarine scharf anbraten und gut mit Salz, Pfeffer, Paprikapulver und Knoblauchpulver würzen. Nochmals scharf anbraten, bis ein Röstaroma entsteht. Oregano zum Schluss hinzufügen

2. In einer anderen Pfanne für die Sauce den Knoblauch in Butter anbraten, Tomatenmark hinzugeben und mitbraten. Tomaten hinzugeben, mit Wasser ablöschen und auf schwacher Hitze köcheln lassen. Mit Salz, Pfeffer, Oregano und Paprikapulver würzen. Dann mit einem Pürierstab pürieren.

3. Brot in Würfel schneiden und mit etwas Öl oder Butter in der Pfanne anrösten.

4. Auf Tellern anrichten: Fleisch auf die Brotwürfel legen, Sauce auf dem Teller verteilen, mit Petersilie garnieren und mit einem Esslöffel Joghurt servieren.

Pecorino-Pasta

Für 2 Portionen
Vorbereitungszeit: 5 Min.
Zubereitungszeit: 15 Min.

1 Stück Pecorino (200 g)
1 große Knoblauchzehe
300 g Spaghetti
50 g Butter
100 ml Sahne
Saft und Abrieb von
1 Bio-Zitrone
3–4 Stängel Petersilie (gehackt)

1. Pecorino mit einer Reibe fein reiben, Knoblauchzehe schälen, in ganz feine Scheiben schneiden und hacken.

2. Spaghetti al dente kochen und währenddessen die Sauce zubereiten. Butter in einer Pfanne schmelzen, dann den Knoblauch leicht anbraten. Dabei aufpassen, dass die Butter nicht anbrennt. Mit Sahne ablöschen und anschließend den Pecorino hinzugeben. 1 Schuss Zitronensaft und -abrieb in die Sauce geben. Die Nudeln und ein wenig Nudelwasser in die Pfanne geben und mit der Sauce vermengen

3. Mit Petersilie garnieren und sofort servieren.

Vegane Cigköfte mit Kartoffeln

Für 6–8 Portionen
Zubereitungszeit: 30 Min.

4 kleine Kartoffeln (am besten mehligkochende)
1 kleine Zwiebel
2 Wassergläser Cigköfte-Bulgur (ca. 400 g)
300 ml Wasser
2 EL Paprikamark
2 EL Tomatenmark
2 TL Salz
2 TL Pfeffer
1 TL getr. Basilikumblüten nach Belieben
1 TL Kreuzkümmel
5 EL Olivenöl

Zum Servieren:
Salatblätter
Zitrone
Granatapfelsirup
Olivenöl nach Belieben

1. Kartoffeln schälen und gar kochen.

2. Zwiebeln schälen und fein hacken.

3. Bulgur in eine flache Schüssel (z. B. »Tepsi« – ein rundes Blech) oder auf ein Backblech geben, dann vorsichtig Wasser hinzufügen.

4. Zwiebel, Paprikamark, Tomatenmark, Salz, Pfeffer, Basilikumblüten und Kreuzkümmel (in der Hand zerbröseln) hinzugeben.

5. Die Mischung kneten und mit den Händen verreiben. Zwischendurch die Hände nass machen, damit die Masse besser zu einem homogenen Teig verarbeitet werden kann.

6. Kartoffeln in der Hand zerbröseln und untermischen.

7. 10 Min. lang kneten, bis sich alle Gewürze entfalten und die Kartoffeln mit dem Bulgur verbinden.

8. Mit den Händen kleine Portionen formen.

9. Mit Salatblättern, Zitrone, Olivenöl und Granatapfelsirup servieren.

Tipp: Auf der folgenden Seite findest du ein Rezept für ein extra Fleisch-Topping, welches optional zu diesem Gericht zubereitet werden kann.

Cigköfte mit Kartoffeln und Fleisch-Topping

Für 4 Portionen
Zubereitungszeit: 10 Min.

Für das Fleisch-Topping (nach Belieben):
300 g Hackfleisch
3–4 EL Olivenöl
1 EL Butter
1 TL Salz
2 kleine Zwiebeln (klein gehackt)
5 Stängel Blattpetersilie, fein gehackt

Für das Fleisch-Topping

Das Hackfleisch in Olivenöl anbraten, bis das Fleisch gar ist. Die Butter dazugeben, dann salzen. Zwiebeln und Petersilie dazugeben und weiterbraten.

Spezi-Teller

Für 4 Portionen
Vorbereitungszeit: 10 Min.
Zubereitungszeit: 25 Min.

400 g Hackfleisch
1 EL Olivenöl oder Pflanzenfett
1 Zwiebel
1 Knoblauchzehe für das Fleisch
Salz
Pfeffer
1 TL rosenscharfes oder edelsüßes Paprikapulver
Fleischgewürz oder Köftegewürz nach Belieben
1 Lorbeerblatt
1 Prise Oregano
1 kg Kartoffeln für die Pommes
1 kleine Knoblauchzehe für den Joghurt
300 g Joghurt

Für das Topping:
1 Handvoll Petersilie, gehackt
Chiliflocken nach Belieben

1. Hackfleisch mit Olivenöl durchbraten. Zwiebel und Knoblauch schälen und klein hacken, hinzugeben und gar braten. Mit Salz, Pfeffer, Paprikapulver und Fleischgewürz würzen. Lorbeerblatt und Oregano hinzugeben. Schön braten, damit das Fleisch glänzt und sein Aroma entfaltet. Abschmecken und bei Bedarf nachwürzen.

2. Kartoffeln schälen und längs erst in Scheiben und dann in ca. 1 cm dicke Pommes-Streifen schneiden. Kurz im Pflanzenfett kross braten.

3. Knoblauch schälen und pressen. Joghurt cremig schlagen, Salz und Knoblauch dazugeben.

4. Die fertigen Pommes auf einem Teller mit einer Schicht Joghurt, dann einer Schicht Hackfleisch und Petersilie servieren. Wer mag, kann noch 1 Prise Chiliflocken zum Garnieren über den Teller streuen.

Cems Helbonara

(Helal Carbonara)

Für 2 Portionen
Vorbereitungszeit: 5 Min.
Zubereitungszeit: 15 Min.

400 g Spaghetti oder Tortellini
1 rote Zwiebel
1 EL Öl
200 g türkischer Schinken (Pastirma) oder Geflügelbacon
2 Bio-Eigelb
1 Prise Salz
1 Prise Pfeffer
1 Prise Muskat
1 TL Knoblauchpulver
100 g Butter
50–100 ml Sahne (bei Bedarf)
3 EL vom Nudelwasser
50 g Parmesan (frisch gerieben)
ca. 5 Stängel Petersilie zum Garnieren (gehackt)

1. Die Pasta in reichlich Salzwasser bissfest kochen. Zwiebeln klein hacken in im Öl glasig braten. Schwenken. Den Schinken in Würfel schneiden und dazugeben, ganz kurz anbraten.

2. Eigelb in einer großen Schüssel mit Salz, Pfeffer, Muskat und Knoblauchpulver verquirlen. Butter schmelzen und gründlich unter das Eigelb rühren. Die Mischung in eine Pfanne geben und dann zusammen mit Nudelwasser, 50–100 ml Sahne (je nach Konsistenzwunsch) vermengen. Spaghettis hinzufügen und gut in der Sauce schwenken. Bei Bedarf noch etwas Nudelwasser nachgießen. Für 1 Minute zusammen köcheln lassen. Sofort servieren.

3. Nach Bedarf mit Parmesan und Petersilie bestreuen.

Meatballs in Champignon-Sahnesauce

Für 4 Portionen
Vorbereitungszeit: 20 Min.
Zubereitungszeit: 35 Min.

400 g Rinderhackfleisch
4–5 Zweige frischer Thymian (Blätter abgezupft)
1 TL Oregano
Knoblauchpulver
2 TL edelsüßes Paprikapulver
1 TL Salz
1 TL Pfeffer
2 kleine Zwiebeln
1 große Knoblauchzehe
1 Bio-Ei
50 g Semmelbrösel oder altes Toastbrot (zerbröselt)
3–4 EL Pflanzenfett
6–7 braune Champignons
1 TL Rosmarin (getrocknet oder frisch)
200 ml Sahne zum Kochen oder 200 g Crème fraîche

Zum Servieren:
Kartoffelstampf
Kräuter nach Belieben

1. Hackfleisch zusammen mit Thymian, Oregano, Knoblauchpulver, Paprikapulver, Salz und Pfeffer in eine mittelgroße Schüssel geben. Zwiebeln und Knoblauch schälen und sehr fein hacken oder kurz im Mixer zerkleinern.

2. Ei, Semmelbrösel, Zwiebeln und Knoblauch in die Schüssel geben und 3–4 Min. mit Handschuhen durchkneten.

3. Das Fleisch in mittelgroße (ca. walnussgroße) Bällchen formen und mit etwas Semmelbrösel bestreuen. Dann in 1–2 EL Pflanzenfett kurz auf hoher Stufe anbraten und die ganze Zeit wenden, damit die Bällchen von jeder Seite kross gebraten werden. Dann auf niedriger Stufe langsam durchbraten und weiterhin wenden.

4. Dann die fertigen Bällchen in einem Teller beiseite stellen.

5. Die Champignons in mitteldicke Scheiben schneiden.

6. In dieselbe Pfanne (wegen der Brataromen) 2 EL Pflanzenfett geben. Die Champignons mit dem Rosmarin 3–5 Min. auf hoher Stufe goldbraun anbraten.

7. Dann mit der Sahne ablöschen und nochmals bei niedriger Hitze 5 Min. köcheln lassen. 1 TL Paprikapulver, Salz, Pfeffer und Knoblauchpulver dazugeben. Abschmecken und bei Belieben nachwürzen.

8. Zum Schluss Fleischbällchen hinzugeben und in der Sauce schön wenden. Die Sauce ziehen lassen.

Tipp: Am besten mit Kartoffelstampf oder Reis servieren und mit frischen Kräutern, z. B. gehackter Petersilie, garnieren.

Friekeh

(gerösteter grüner Weizen)

Für 6 Portionen
Vorbereitungszeit: 10 Min.
Zubereitungszeit: 45 Min.

500 g Friekeh (aus dem türkischen Supermarkt)
150 g Bulgur
4 Hähnchenkeulen
2 l Wasser
2 TL Salz
Gemüsebrühepulver

Für das Topping:
125 g Butter
Pinienkerne, blanchierte Mandeln oder Cashewkerne, Walnüsse (jeweils 1 Handvoll)

Für den Joghurt-Minze-Dip:
½ Gurke
200 g Joghurt oder Schmand
2 TL Minze

1. Friekeh und Bulgur im lauwarmen Wasser waschen, um alle Bitterstoffe zu beseitigen.

2. Die Hähnchenkeulen in einem Topf mit Wasser und Salz gar kochen.

3. Von der Brühe des Hähnchens 1 l Wasser entnehmen. In einen anderen Topf geben und zum Kochen bringen. Den Friekeh- und Bulgur-Mix in den Topf geben und dann auf mittlerer Stufe erhitzen. Das Gemüsebrühepulver hinzufügen, den Deckel auflegen und für ca. 20 Min. gar kochen. Ab und an nachschauen, ob noch Wasser fehlt. Ggf. mehr von der Brühe dazugeben.

4. Das Fleisch auseinanderfädeln.

5. Friekeh auf einem großen Teller verteilen und das Fleisch darübergeben.

6. Für das Topping die Butter in einem Topf erhitzen, die Mandeln und Nüsse dazugeben. Kurz auf hoher Stufe anbraten, bis Butter und Nüsse goldbraun werden. Aufpassen, dass die Butter nicht verbrennt. Das Topping über den Teller gießen.

7. Für den Dip die Gurke schälen und in kleine Würfel schneiden, dann in einer kleinen Schale mit dem Joghurt und der Minze vermengen.

Mamas Linsen-Bulgur mit gerösteten Zwiebeln

Für 4 Portionen
Zubereitungszeit: 40 Min.

250 g grober Bulgur
100 g grüne Linsen
500 ml Wasser
2 TL Salz
3–4 Zwiebeln
400 ml Olivenöl

Für das Topping:
Frühlingszwiebeln
Petersilie
Paprika
Tomate

1. Bulgur und Linsen waschen. In einem Topf mit Wasser und Salz kochen.

2. Die Zwiebeln schälen und in feine Würfel schneiden. In einem kleinen Topf mit dem Öl kurz auf hoher Stufe anbraten, dann auf niedriger Stufe langsam rösten. Optional mit Frühlingszwiebeln, Paprika, Tomate und Petersilie toppen.

Adana-Spieß

Für 8 Spieße
Vorbereitungszeit: 15 Min.
Zubereitungszeit: 30 Min.

1 kg Hackfleisch: 500 g Rind und 500 g Lamm
1 große Zwiebel
1 Knoblauchzehe nach Belieben
2 TL Salz
2 TL Pfeffer
1 TL Kreuzkümmel, in der Hand zerbröselt oder im Mörser zerkleinert
1–2 TL Paprikaflocken oder Paprikapulver (edelsüß oder rosenscharf)
1 Packung Dürümbrot
Olivenöl zum Einölen

Für die Sauce:
2 EL Butter
1 TL Ajvar oder Tomatenmark
1 Prise Salz
1 Prise Pfeffer

Zubehör:
Metallspieße

1. Hackfleisch in eine Schüssel geben. Zwiebel schälen und mit einer Reibe reiben. Knoblauch schälen und pressen. Beides mit dem Hackfleisch vermengen.

2. Gewürze hinzugeben und gründlich verkneten.

3. Jeweils eine Handvoll vom Fleisch an den Spieß drücken und zu einer länglichen Frikadelle formen.

4. Die Adana-Spieße auf den Kontaktgrill legen, im Ofen backen oder in der Pfanne braten. Je nachdem Pfanne oder Kontaktgrill ein wenig einölen. Vorheizen und ca. 5–8 Min. grillen. Nach Belieben kann man dazu Paprikahälften, und Tomaten grillen.

5. Für die Sauce die Butter in einer Pfanne zerlassen. Ajvar dazugeben, würzen und kurz mixen.

6. Brot erwärmen und mit einem TL der Sauce bestreichen. Die Spieße darauflegen.

Tipp: Dazu passt Babas Zwiebelsalat (S. 93).

Beyti

Für 4 Portionen
Vorbereitungszeit: 15 Min.
Zubereitungszeit: 30 Min.

500 g Rinderhackfleisch
2–3 Knoblauchzehen
1 große Zwiebel
½ Bund (ca. 8–10 Stängel) Petersilie
2 TL Salz
1 TL Pfeffer
1 TL Kreuzkümmel
etwas Öl zum Anbraten
1 EL Butter (Zimmertemperatur)
1 Packung Dürümbrot oder Weizentortillas
300 g Griechischer Sahnejoghurt
2–3 grüne Spitzpaprikaschoten

1. Hackfleisch in eine Schüssel geben.

2. Knoblauch schälen und pressen, Zwiebeln schälen und reiben. Beides in die Schüssel geben.

3. Petersilie waschen, trocknen, Blätter von den Stielen zupfen und sehr fein hacken. In die Schüssel geben.

4. Die Gewürze hinzufügen, schön kneten und würzen.

5. Das Fleisch aufteilen und in längliche Frikadellen formen. In einer Pfanne mit dem Öl anbraten.

6. Das Dürümbrot auf der Außenseite mit Butter bestreichen.

7. Die fertigen Frikadellen auf die Innenseite des Brotes legen und einrollen. Alle Rollen auf einem Backblech im vorgeheizten Ofen bei 180 °C Umluft für ca. 10 Min. backen.

8. In 4–5 Stücke schneiden und auf einen Teller legen. Mit Joghurt beträufeln und mit der Paprika servieren.

Herise

Für 8–10 Portionen
Vorbereitungszeit: 15 Min.
Zubereitungszeit: 1 Std.

1 ganzes, frisches Bio-Hähnchen
400 g Bugday (Weichweizen aus dem türkischen Supermarkt)
etwas Salz
3 l Wasser

Für die Buttersauce:
250 g Butter
Walnüsse, Pinienkerne oder Weißbrotstücke

1. Das Hähnchen gründlich abwaschen und mit 3 l Wasser in einen Topf geben. Weizen dazugeben, alles einmal aufkochen und dann für 1 Std. bei niedriger Hitze vor sich hinköcheln lassen, bis der Weizen richtig aufgequollen und das Hähnchen zart ist. Wenn das ganze Wasser verkocht ist, das Hähnchen herausnehmen und wie Frikassee in feine Fetzen zerteilen. Wieder in den Topf zu dem Weizen geben. Das Ganze so lange rühren, bis eine cremige Tektur entstanden ist. Bei Bedarf noch ein wenig Wasser dazugeben.

2. Butter in einer Pfanne mit den Walnüssen anrösten und dann beim Servieren über die Teller träufeln.

Ofen-Börek

Für 8 Portionen
Vorbereitungszeit: 10 Min.
Zubereitungszeit: 30–40 Min.

Für den Filoteig:
10–15 Baklava- und Yufka-Teigblätter (vom türkischen Supermarkt) oder nur Yufka-Teigblätter (zwei verschiedene sind aber knuspriger)

Für die Sauce:
2 Bio-Eier
1 EL Joghurt
100 ml Milch
5 EL Olivenöl

Für die Füllung:
500 g Schafskäse oder Weichkäse
1 Handvoll Petersilie (gehackt)
2–3 TL Paprikapulver
2 TL Salz
1 TL Pfeffer
1 Handvoll Walnüsse nach Belieben

Für das Topping:
2 EL Sesam
2 EL Schwarzkümmel

1. Ein Blech mit Backpapier bedecken. Ein Yufkablatt auf das Blech legen. Alle Zutaten für die Sauce vermengen und auf den Teig streichen. Dann eine Schicht Baklavateig darauflegen. Die Zutaten für die Käsefüllung vermischen und auf den Teig geben. Dann wieder von vorn beginnen und weiterschichten. Zum Schluss Sesam und Schwarzkümmel darüberstreuen.

2. Bei 175 °C Umluft 20–30 Min. im Ofen backen, bis die obere Schicht goldbraun und der Rest gegart ist.

Zitronen-Butter-Hähnchen

Für 4 Portionen
Vorbereitungszeit: 15 Min.
Zubereitungszeit: 50 Min.

4 Hähnchenkeulen
100 g Kräuterbutter (in 4 Scheiben geschnitten)
Abrieb von 3 Bio-Zitronen
1 Bio-Zitrone (in Scheiben geschnitten)
100 g Butter
1 TL Gemüsebrühepulver

Für die Marinade:
1 kleine Knoblauchzehe (gepresst)
1 TL Paprikapulver
1 TL Pfeffer
2 TL Salz
3 Zweige Thymian
Saft von 1 Zitrone
100 ml Wasser
1 TL Honig
1 EL Öl

1. Die Hähnchenkeulen in eine Auflaufform legen. Die Haut der Hähnchenkeulen hochziehen und 50 g der Butter darunterschieben und die anderen 50 g auf den Keulen verreiben.

2. Knoblauch, Paprikapulver, Pfeffer und Salz in einen Mörser geben. Thymian abzupfen, dazugeben und alles zerstoßen. Wer keinen Mörser hat, kann den Knoblauch durch eine Knoblauchpresse pressen und die Mischung in einer Schale herstellen. Zitronensaft und Wasser dazugeben. Zusammen mit dem Honig und Öl zu einer homogenen Mischung verquirlen..

3. Die Marinade auf die Hühnerhaut streichen oder alternativ mit den Händen einreiben (Achtung: am besten Handschuhe dafür tragen). Den Zitronenabrieb darüberstreuen. Zitronenscheiben auf den Keulen verteilen und danebenlegen.

4. Die restliche Butter wieder in Scheiben schneiden und auf die Keulen legen.

5. Gemüsebrühe in Wasser auflösen und in der Auflaufform verteilen. Die Auflaufform mit Bratfolie bedecken. Bei 200 °C Unter- und Oberhitze für 35 Min. im Ofen backen.

6. Zusammen mit Reis oder Kartoffeln servieren.

Tipp: Kartoffeln könnte man auch im Ofen gleichzeitig backen. Dafür die Kartoffeln in Schritt 1 abwaschen, schälen und unter den Hähnchenkeulen schichten.

Lachsfilet mit Pak Choi

Für 2 Portionen
Vorbereitungszeit: 10 Min.
Zubereitungszeit: 35 Min.

2 Pak Chois
2 kleine Knoblauchzehen (gehackt)
5 EL Sojasauce
3 EL Teriyakisauce
Salz, Pfeffer
Chiliflocken nach Belieben
2–4 Lachsfilets
200 ml Wasser
1 Limette (in Scheiben)

1. Pak Choi 3–4 Min. im kochenden Wasser blanchieren. In einer Schüssel Knoblauch, Sojasauce, Teriyakisauce, Pfeffer, Salz und Chiliflocken vermischen.

2. Den Lachs in eine Auflaufform legen. Pak Choi der Länge nach aufschneiden und zwischen den Lachsfilets verteilen. Den Lachs mit der Sauce bestreichen und den Pak Choi übergießen. Zuletzt das Wasser in der Auflaufform verteilen.

3. Bei 180 °C Umluft für 25 Min. im Ofen backen.

4. Mit den Limettenscheiben garnieren. Am besten mit Glasnudeln oder Reis servieren.

Tipp: Als Topping eignen sich auch Avocado- und Gurkenwürfel.

Kartoffel-Lasagne

Für 4 Portionen
Vorbereitungszeit: 20 Min
Zubereitungszeit: 40 Min.

4–5 Kartoffeln
200–300 ml Öl zum Frittieren
ca. 300 g Rinderhackfleisch
1 große Zwiebel
1 große Knoblauchzehe
2 große Tomaten
1 grüne Spitzpaprikaschote
2 EL Tomatenmark (mit ca. 200 ml heißem Wasser) oder 200 g passierte Tomaten
2 TL Paprikapulver
2 TL Pfeffer
2 TL Salz
6–7 Stängel Petersilie
2–3 EL Pflanzenfett
1 Packung geriebener Käse (z. B. Mozzarella, Gouda oder Gratinkäse)

Für die Béchamelsauce:
1 großen EL Butter
ca. 2 EL Mehl
300–400 ml Milch
1 Prise Muskatnuss
1 Prise Salz
1 Prise Pfeffer

1. Kartoffeln schälen und in ca. 3 mm dünne Scheiben schneiden. In einer Pfanne in Öl frittieren, bis sie leicht goldbraun sind. Danach auf einem Küchentuch das Fett abtropfen lassen.

2. Das Rindfleisch in einer Pfanne mit Pflanzenfett durchbraten. Dann Zwiebeln und Knoblauch schälen, mit Tomaten und Spitzpaprika in kleine Würfel schneiden und zum Fleisch geben. Alles vermengen und auf mittlerer Hitze weiterbraten. Tomatenmark und Wasser dazugeben. Die Gewürze hinzufügen und 15 Min. bei niedriger Hitze (am besten mit Deckel) köcheln lassen.

3. Die Petersilie waschen, fein hacken, dazugeben und verrühren.

4. Für die Béchamelsauce in einem kleinen Topf die Butter schmelzen lassen. Mehl nach und nach dazugeben, dann mit der Milch ablöschen und schnell mit einem Schneebesen verrühren. Gewürze hinzugeben, bis die Sauce dickflüssig wird. Nach Bedarf Milch oder Wasser hinzugeben, um die gewünschte Konsistenz zu erreichen.

5. Kartoffeln in einer kleinen oder mittelgroßen Auflaufform nebeneinanderlegen. Die Hackfleischsauce darüber geben, wieder mit Kartoffeln belegen und einer weiteren Schicht Hackfleisch. Am Ende sollen es ca. 3–4 Schichten sein.

6. Die Béchamelsauce darübergeben und mit Käse bestreuen. Bei 180 °C Umluft im Ofen braten, bis der Käse goldbraun ist.

Homemade Chicken Döner Bowl

Für 4 Portionen
Vorbereitungszeit: 15 Min.
Zubereitungszeit: 10 Min.
Kühlzeit: 6 Std. oder über Nacht

300–400 g Hähnchenkeule platt mit Haut ohne Knochen (im türkischen Supermarkt)
1 kleine Zwiebel
1 TL Thymian
2 TL Oregano
2 TL rosenscharfes Paprikapulver
1 TL Knoblauchpulver oder 1 gepresste Zehe
1 ½ TL Salz
1 TL Pfeffer

Zum Servieren (nach Belieben):
Fladenbrot
Joghurt
Tomaten
Petersilie
Reis
Pommes

1. Hähnchenfleisch in grobe Stücke schneiden und in eine Schüssel geben. Zwiebel auch in grobe Stücke schneiden und dazugeben. Alle Gewürze mit mischen und miteinander vermengen.

2. Ein Stück Frischhaltefolie abreißen und das marinierte Fleisch reinlöffeln, dann mit der Folie eng wie eine dicke Wurst einrollen ca. 8 cm Durchmesser dann einfrieren.

3. Das gefrorene Fleisch aus der Tiefkühltruhe holen und die Folie abtrennen. Die Fleischstange wie einen Dönerspieß senkrecht aufstellen und das Fleisch vorsichtig von oben nach unten abschneiden.

4. Öl in einer Pfanne erhitzen und das Fleisch von beiden Seiten scharf anbraten. Mit Beilagen und Toppings nach Wahl servieren.

Tipp: Man kann das Fleisch auch nur portionsweise weiterverarbeiten. Bevor der Rest erneut eingefroren wird, muss man nur darauf achten, dass man alles wieder gut kompakt in die Folie einrollt.

Kuchen, Desserts und Co.

Apple Crumble

Für 6 Portionen
Vorbereitungszeit: 10 Min.
Zubereitungszeit: 30 Min.

Für die Apfelmischung:
4 Äpfel
½ EL Zimt
1 EL Butter oder Öl
2 EL Agavendicksaft, Karamell- oder Ahornsirup
1 TL Zitronenwasser
3 EL Wasser
1 Päckchen Bourbon-Vanillezucker

Für den Crumble-Belag:
125 g Butter
100 g brauner Zucker oder Rohrzucker
Mehl nach Augenmaß

Zum Servieren:
Vanilleeis
Karamellsauce

1. Äpfel in Würfel schneiden, dann mit Zimt und Butter in einer Pfanne braten. Agavendicksaft dazugeben und auf mittlerer Stufe köcheln lassen. Nach 15 Min. die Äpfel leicht zerstampfen.

2. Äpfel in eine kleine bis mittelgroße Auflaufform geben.

3. Für den Belag Butter schmelzen, in eine Schüssel geben und Zucker hinzufügen. Nach und nach Mehl dazugeben und mit einem Handmixer verrühren Die Crumblemasse ist dann perfekt, wenn die Butter komplett aufgesaugt wurde und der Teig krümelig ist..

4. Die Crumbles gleichmäßig über die Äpfel verteilen. Bei 180 °C Umluft für ca. 15–20 Min. im Ofen backen, bis die Crumbles goldbraun sind.

5. Leicht abkühlen lassen und nach Belieben warm genießen.

6. Mit Vanilleeis und Karamellsauce servieren.

Tipp: Alternativ zu den Äpfeln kann man auch Birnen, Kirschen oder Aprikosen nehmen.

Mille-feuille

Für 8 Portionen
Vorbereitungszeit: 20 Min.
Zubereitungszeit: 30 Min.

1 Packung Blätterteig
500 g Erdbeeren oder Obst nach Wahl
Paradies-Creme/ Vanillepudding

Zum Garnieren:
Puderzucker

1. Blätterteig in 24 Quadrate schneiden. Mit der Gabel an mehreren Stellen einstechen.

2. Erdbeeren waschen und 200 g davon würfeln. Den Rest für die Garnitur aufbewahren.

3. Pudding je nach Packungsanleitung zubereiten und im Kühlschrank abkühlen lassen.

4. Auf eine Schicht Blätterteig einen EL Creme streichen, Erdbeeren darüberschichten. Den Vorgang wiederholen und mit Blätterteig abschließen. Mit Puderzucker bestäuben.

Apfelhörnchen

Für 2–3 Bleche
(ca. 32 Hörnchen)
Vorbereitungszeit: 45 Min.
Zubereitungszeit: 60 Min.
Kühlzeit: ca. 4 Std. + über Nacht

Für die Apfelfüllung:
1 kg Äpfel
300 g Zucker
1 gut gehäuften TL Zimt
1 Handvoll zerkleinerte Walnüsse

Für den Teig:
250 g Butter (geschmolzen)
250 g Joghurt
250 ml Sonnenblumenöl
1 Packung Vanillezucker
1 kg Mehl + etwas mehr für die Arbeitsfläche
1 Packung Backpulver

Für das Topping:
Puderzucker

1. Für die Füllung die Apfelmischung am besten am Abend zuvor zubereiten und im Kühlschrank über Nacht kalt stellen.

2. Die Äpfel waschen, schälen und mit einer Reibe reiben. In einen Topf geben und den Zucker hinzufügen.

3. Kurz aufkochen, dann auf niedriger Stufe vorsichtig rühren, bis die Masse hellbraun wird und kein Wasser mehr da ist. Die Füllung soll einem Kompott ähneln, nicht Apfelmus. Vorsichtig verrühren und immer im Auge behalten, damit nichts anbrennt. Abkühlen lassen und mindestens für drei Std. kühlen.

4. Den Zimt vorsichtig unterrühren. Die Walnüsse hinzufügen.

5. Für den Teig alle Zutaten bis auf Mehl und Backpulver in eine große Schüssel geben und vermengen. Mehl und Backpulver nach und nach hinzugeben und sehr gut durchkneten.

6. Wenn das Mehl aufgebraucht ist, den Teig weiterhin ca. 10 Min. kneten. Dann für ½ Std. kalt stellen.

7. Die Arbeitsfläche mit Mehl bestreuen, dann den Teig in 4 gleich große Stücke teilen. Jedes Teigstück ungefähr 2 mm dick ausrollen und eine große Schüssel verkehrt herum daraufsetzen. Mit einem Messer den Teig rund um die Schüssel abschneiden.

8. Die Teigkreise in der Mitte längs und quer durchschneiden. Dann jedes Viertel erneut in der Mitte durchschneiden. Gleich große Teile zuschneiden, damit sie im Ofen gleichmäßig gebacken werden.

9. Danach jeweils auf den Anfang der Teigstücke einen TL der Füllung verteilen. Die Stücke wie Hörnchen einrollen und auf ein Blech mit Backpapier legen.

10. Bei 180 °C Umluft im Ofen backen, bis sie goldbraun sind.

11. Danach abkühlen lassen und vor dem Servieren mit Puderzucker bestreuen.

Choco-Coco-Cubes

Für ca. 25 Stück
Zubereitungszeit: 60 Min.

Für den Teig:
18 EL Mehl
18 EL Zucker
18 EL Sonnenblumenöl
18 EL Milch von 1 l Milch
3–4 Päckchen Vanillezucker
4–5 Bio-Eier
1 Packung Backpulver
Butter zum Bestreichen

Für den Überzug:
2–3 Packungen Blockschokolade
Rest der Milch
2–3 Packungen feine Kokosraspel

1. Alle Zutaten für den Teig in einer Schüssel mit einem Handrührgerät zu einem cremigen Teig verrühren.

2. Ein Backblech mit Backpapier auslegen, mit Butter bestreichen und dann den Teig gleichmäßig darauf verteilen.

3. Bei 180 °C Umluft backen, bis der Teig goldbraun ist. Eine Stichprobe mit der Gabel machen, um zu schauen, ob der Teig durch ist.

4. Während der Teig im Ofen ist, die Schoko-Sauce zubereiten. Die Schokolade mit der Milch in einem Topf zum Schmelzen bringen. Mit einem Schneebesen ständig rühren, damit eine schöne, leicht dicke Sauce entsteht. Die Schokomasse in eine flache Schüssel oder Auflaufform füllen.

5. Die Schokolade 5–10 Min. abkühlen lassen. Währenddessen den Teig in gleich große (nicht zu große) Würfel schneiden.

6. 1 Packung Kokosraspeln auf ein Stück Backpapier oder einen großen flachen Teller geben.

7. Jeweils 3–5 Teigwürfel kurz in die Schokomasse geben, sodass sie sich vollsaugen können.

8. Dann in den Kokosraspeln wälzen. Die restlichen Kokosraspeln nach und nach hinzugeben und den Vorgang wiederholen, bis alle Würfel außen weiß sind.

Künefe-Cheesecake

Für 12 Stücke
Vorbereitungszeit: 30 Min.
Zubereitungszeit: 30 Min.
Kühlzeit: 6 Std. oder über Nacht

500 g Kadayif-Teigfäden
200 g Butter
1 kg Frischkäse
300 g Quark
3 Päckchen Sahnesteif oder 12 TL SanApart
4 Päckchen Bourbon-Vanillezucker oder 1 Schuss Vanilleextrakt
200 g Puderzucker
200 g Schmand

Für das Topping:
4 EL Honig
2–3 EL Rosenwasser

Zubehör:
1 Springform (ø 26 cm)

1. Für den Boden die Teigfäden auseinanderziehen und mit der Butter in einer großen Pfanne knusprig rösten.

2. Die Springform mit Backpapier auslegen.

3. Dann ¾ der Teigfäden in der Springform zu einem Kuchenboden glatt drücken. Die Masse soll in etwa mit feuchtem Sand vergleichbar sein. Zum Glätten kann ein Glas verwendet werden. Der Boden sollte ca. 1 cm dick sein.

4. Zum Schluss im Kühlschrank kalt stellen.

5. Für die Füllung Frischkäse und Quark in einer großen Schüssel mit 2 Päckchen Sahnesteif, Vanillezucker und Puderzucker kurz aufschlagen.

6. Den Schmand mit 1 Päckchen Sahnesteif aufschlagen und vorsichtig unter die Frischkäsemasse heben.

7. Den Kuchenboden aus dem Kühlschrank nehmen und die Füllung in die Springform geben. Mit Frischhalte- oder Alufolie abdecken.

8. Am besten über Nacht oder 6 Std. im Kühlschrank kalt stellen.

9. Für das Topping Honig mit Rosenwasser mischen und über den Kuchen gießen.

10. Mit den restlichen Teigfäden den Kuchen in der Mitte garnieren.

Erdbeer-Crêpes-Torte

Für 8 Stück
Zubereitungszeit: 60 Min.

4 Bio-Eier
Zucker nach Belieben
900 ml Hafermilch oder andere Milch
1 Prise Salz
2 Päckchen Bourbon-Vanillezucker
400 g Mehl
1 Schuss Mineralwasser
rosa oder rote Lebensmittelfarbe
etwas Öl (z. B. Kokosöl) zum Braten

Für die Créme:
2 Eiweiß
100 ml Schlagsahne
2 Msp. Salz
100 g pürierte Erdbeeren + einige Erdbeeren, in Scheiben geschnitten, nach Belieben
150 g Puderzucker
500 g Mascarpone

Für den Boden (nach Belieben):
fertiger Biskuitboden

Für die Toppings (nach Belieben):
frische Früchte
essbare Blüten

1. Für den Teig Eier, Zucker, Milch, Salz und Vanillezucker verrühren, bis die Masse schaumig wird. Unter ständigem Weiterrühren das Mehl hinzusieben, damit keine Klümpchen entstehen. Mineralwasser dazugeben, damit die Crêpes luftig werden. Anschließend weiterrühren, bis eine ebenmäßige, halbflüssige Masse entsteht. Zuletzt ein paar Tropfen der Lebensmittelfarbe dazugeben (je nach Farbwunsch kann die Menge variieren).

2. Die Pfanne vorwärmen und mit ganz wenig Öl einpinseln.

3. Mit einer Schöpfkelle den Teig portionsweise in die Pfanne gießen. Die Crêpes auf jeder Seite goldbraun anbraten und schließlich aufeinandergestapelt abkühlen lassen.

4. Für die Creme jeweils Eiweiß und Schlagsahne getrennt voneinander mit je 1 Prise Salz steif schlagen. Etwas Sahne für die Garnitur beiseite stellen.

5. Erdbeerpüree mit einem Schuss Wasser und dem Puderzucker aufkochen, pürieren und abtropfen lassen. Mit Mascarpone verrühren. Sahne und Eiweißschnee unterheben.

6. Die Crêpetorte auf einer Tortenplatte oder einem großen flachen Teller vorsichtig schichten. Optional kann man auch einen fertigen Biskuitboden aus dem Supermarkt als Basis verwenden. Auf einen Crêpe jeweils ein wenig von der Créme geben, aber nicht bis zum Rand ausstreichen, da sie sonst seitlich auslaufen könnte.

7. Zwischendurch nach Belieben Erdbeerscheiben platzieren. Diesen Vorgang wiederholen, bis alle Crêpes aufgebraucht sind.

8. Mit der übrigen Sahne und nach Belieben mit Früchten und Blüten dekorieren.

Schoko-Crêpes-Torte

Für 8 Stück
Zubereitungszeit: 60 Min.

4 Bio-Eier
Zucker nach Belieben
900 ml Hafermilch oder andere Milch
1 Msp. Salz
2 Päckchen Bourbon-Vanillezucker
400 g Mehl
1 Schuss Mineralwasser
etwas Öl oder Butter (z. B. Kokosöl) zum Braten
100 g Kakaopulver (zartbitter)

Für die Créme:
400 ml Sahne
2 Teelöffel Sahnesteif
1 Prise Salz
2 Teelöffel Vanilleextrakt
100 g Kakaopulver (zartbitter)
200 g geschmolzene Zartbitterschokolade

1. Für den Teig Eier, Zucker, Milch, Salz und Vanillezucker verrühren, bis die Masse schaumig wird. Unter ständigem Weiterrühren Mehl und Kakaopulver hinzusieben, damit keine Klümpchen entstehen. Mineralwasser dazugeben, damit die Crêpes luftig werden. Anschließend weiterrühren, bis eine ebenmäßige, halbflüssige Masse entsteht.

2. Die Pfanne vorwärmen und mit ganz wenig Öl einpinseln.

3. Mit einer Schöpfkelle den Teig portionsweise in die Pfanne gießen. Die Crêpes auf jeder Seite goldbraun anbraten und schließlich aufeinandergestapelt abkühlen lassen.

4. Für die Créme Sahne mit Sahnesteif, Salz, Vanillezucker und Kakaopulver steif schlagen und kalt stellen. Bei Bedarf mehr Kakaopulver dazugeben. Schokolade langsam im Wasserbad schmelzen und abkühlen lassen. Nacheinander die Kakaosahne und die geschmolzene Schokolade auf die einzelnen Crêpeschichten auftragen.

Zutatenregister

Bibliografische Information der Deutschen Nationalbibliothek
Die Deutsche Nationalbibliothek verzeichnet diese Publikation in der Deutschen Nationalbibliografie. Detaillierte bibliografische Daten sind im Internet über http://dnb.d-nb.de abrufbar.

Für Fragen und Anregungen
info@rivaverlag.de

Wichtiger Hinweis
Ausschließlich zum Zweck der besseren Lesbarkeit wurde auf eine genderspezifische Schreibweise sowie eine Mehrfachbezeichnung verzichtet. Alle personenbezogenen Bezeichnungen sind somit geschlechtsneutral zu verstehen.

Originalausgabe
2. Auflage 2021

Türkenstraße 89
80799 München
Tel.: 089 651285-0
Fax: 089 652096

Die Rezepte auf S. 152 und 155 sind in Zusammenarbeit mit Sabina Tepman (Gründerin der white & rose Patisserie, Berlin) entstanden.

Redaktion: Ulrike Reinen
Umschlaggestaltung: Manuela Amode
Abbildungen Umschlag und Innenteil: Pauline Bossdorf
Illustration Umschlag: VK_R/shutterstock.com
Bildbearbeitung: Dhana Sabira, S. 8/9, 34/35, 48/49, 64/65, 80/81, 102/103, 140/141
Satz und Layout: Satzwerk Huber, Germering
Druck: Firmengruppe APPL, aprinta Druck, Wemding
Printed in Germany

ISBN Print 978-3-7423-1727-8
ISBN E-Book (PDF) 978-3-7453-1418-2
ISBN E-Book (EPUB, Mobi) 978-3-7423-1728-5